김근희 시집

아주, 자연스럽게

자연스럽다는 말을 좋아한다.
말도 행동도 생각도 자연스럽게 하고 싶다.
자연은 그렇게 내 삶과 함께하고 있다.

프롤로그

어쩌다 시를 쓰는 사람이 되었다.
그리고 두 권의 시집이 세상에 얼굴을 내밀었다.
나는 시를 잘 쓰는 사람이 되려는 것이 아니라
시를 즐기는 사람이 되려고 한다.

남의 시도 잘 읽어내고 내 시도 술술 쓰는 사람.
가벼운 마음으로 사람을, 자연을, 세계를 들여다보고
무거운 마음으로 연대를 건네는 사람.
그런 시인이 되고 싶다.

2019년부터 쓰기 시작한 시 중에서
자연에 관한 시들만 모아 보았다.

첫 시집이후 나의 시적 성장을
갈망하는 이들에게는 미안하지만
나는 아직 성장이라는 수레에 올라타지 못했음을
고백한다.

이런 나도 나는 너무 좋다고 말하고 싶다.

아주, 자연스럽게

목차

프롤로그

1부 꽃잎의 키스

12 개구리
13 꽃잎의 키스
14 기어이 농사를 지으라는
16 냉이
17 농사의 시작
18 목련꽃
19 봄날은 온다
20 보잘것없는 검불로 모닥불을 일으키다
22 봄을 잊은 당신에게
24 고맙다
25 잡목
26 수로 청소
28 천지가 제자리
30 피어나는 건 나뿐인가
32 화전

34 갈매기의 꿈
36 나에겐 다 계획이 있었다구
28 할매의 텃밭

2부 감자꽃

40 나무
42 감자꽃
43 살림을 살다
44 매미
46 달팽이
48 때죽나무꽃잎 떨어진 저수지에서
50 미나리를 다듬다
52 새와 인간의 기억
54 소나기
56 오솔길
57 오프그리드
58 태풍
59 열대야
60 장마
62 돌담
64 주왕산
66 폭포

3부 도토리 한 알

68 다알리아
69 노을
70 가을이 온다
72 가짓깃
74 곁뿌리
76 고구마
78 까마귀
80 느티나무
82 달님
83 도토리 한 알
84 때를 알아가는 재미
85 은행나무
86 바람의 말-룽타
88 줄탁동시
90 익다
92 풍화
93 가을 2
94 너무나 쨍하니 빨간
95 가을도둑
96 보듬어 안다
98 비설거지

4부 서리

102 강을 건너는 풍경
103 고로쇠 수액 채취기
104 겨울비
106 눈꽃이 피는 걸 아이는 보았을까
108 눈이 나리는데 1
110 너울너울
111 눈이 나리는데 2
112 동백꽃 필 무렵
114 깃발
116 바람이지 않을까
118 풍랑에 넘실거리는 돛단배
120 삭정이를 줍다
122 순천만 흰뺨검둥오리
124 서리
125 적막강산
126 사려니숲길
127 바람소리 요란도 하지
128 부지깽이

에필로그

1부 꽃잎의 키스

개구리

겨우내 말랐던 논에
논물이 채이면
개구리 소리 요란도 하다

놈들은 볼륨을 오르내리며
기운차게 자신의 존재를 증명한다
구르륵 구륵 구륵
불면의 깊은 밤
번민의 불을 지핀다

도대체 놈들은 어디에 몸을 숨겼다가
이 봄
여기서 울음으로 자신을 드러내는가
무슨 이유로 이 밤 나의 창가에서
내 가슴 쥐고 흔드는가

꽃잎의 키스

벚꽃 나무 아래 주차한 자동차 위로
지난밤 봄비 머금고
꽃잎들이 카펫처럼 뒤덮였다

한 번의 윈도우 브러시 까딱임으로
우르르 우회전하는 벚꽃들
브러시 반원 밖에 여전한 벚꽃 카펫
차창에 바짝 엎드려 움직이지 않는다
봄비가 부축인 꽃잎들의 강렬한 키스
나도 덩달아 달아오른다

기어이 농사를 지으라는

마당 비탈진 곳에 우뚝하니 홀로 자란 루바브야
무슨 사연으로 네가 거기 서 있는지 알 수 없다
잡초도 이기고 시린 겨울도 이기고
가시덤불도 이기고 겅충 커버린 루바브야
뜬금없는 너의 생존이 놀랍다

올해 네 밭은 풀 천지가 되었다
정리는 엄두를 낼 수 없는 지경에 이르렀다
봄 밭농사는 진즉에 접으려 했었다
뜬금없이 커버린 너를 보니 마음이 설렌다
기어이 농사를 지으라는 신의 전령으로 네가 나에게 왔다
그러니 그러마
지으마
까끌한 풀밭도 매고
덤불 속 숨어있는 네 형제들을 찾으마

어린 씨앗도 포트에 담아 싹을 틔우마

늦었지만 농사를 지으마

내 삶의 한 자락 희망을 밝혀보마

냉이

삼월이 오기도 전에
지천에 냉이가 피어오른다
지칭개와 구별할 수 없으니
냄새를 맡는 수밖에

냉이는 냉이 냄새가 난다
아무렴
사람은 사람 냄새가 나야 하듯
냉이는 냉이 냄새가 나야 하고말고

농사의 시작

봄이다

밭을 일군다

쓰지 않던 근육이 움직인다

비탈밭은 곱절은 힘이 든다

좋은 세상이다

검색만 하면 기계 다루는 법을 척척 가르쳐 준다

아세아 관리기 하나면 500평 모진 밭도 농사지을 만하다

봄이다

할 일은 많고 봄볕은 심란하다

감자밭도 들깨밭도 이랑을 만들었다

머지않아 감자를 놓고 깻모를 옮기면 된다

이제부터 기꺼운 고생길이다

목련꽃

옅은 훈풍이
간지러운 봄날
내가 본 것 중
가장 큰 꽃망울로 피어
마침내
만개한 견고하고 고고한 자태

가지 위로 밀어 올린 하얀 꽃잎들
뾰족한 가지가
하늘을 가르고
그 가지 끝에
홍시처럼 해가 진다

봄이 오고 있다

봄날은 온다

꺾어 놓은 나뭇가지에도
움이 돋아 오른다
그 질긴 생명에의 갈망에 소름 돋는다
순한 미풍에 쑥이 자라고
광대나물 어여쁜 꽃들이 춤을 춘다
까무룩 한 낮잠 틈으로
나도 모르게 봄날은 온다

보잘것없는 검불로 모닥불을 일으키다

봄 농사의 시작은
지난 계절을 버텨온 검불을
농사터에서 제거하는 일이다

검불에 불을 지르는 일이 어려워졌다
산불 조심 아저씨들이 순찰을 자주 돈다
그래서 검불을 거두었다가
화덕에 불을 지필 때 불쏘시개로 쓴다

양껏 밑불로 넣고 장작을 서너 개 얹으면
지난 겨울 말려 놓은 시래기를 삶을 수 있다
봄에 삶아 둔 시래기로 일 년을 먹는다

보잘것없는 검불이 모닥불을 일으키듯
보잘것없는 내 시가 사람들을 위로한다

읽은 이들의 가슴에 스며든단다
검불에 맞불을 놓듯 온기를 만든단다

봄을 잊은 당신에게

봄이라 좋다는 말도 하지 못한 채 봄을 지납니다
여린 나뭇잎들과 살가운 꽃들의 구애에도
맘 주지 못하고 짐짓 서슬 퍼런 분노로 봄을 지납니다

그러나 기어코
봄은 내게 말 걸어 푸르뎅뎅한 마음을 녹이고 맙니다
이런 봄이라도 없었으면 어쩔 뻔했을까요

지친 이들에게 봄을 보냅니다
당신의 겨울에 살만한 봄날이 올 거라고 말해줍니다
나는 당신을 잊지 않겠노라 다짐합니다
당신의 지친 삶에
당신의 그늘진 마음에
봄처럼 가겠노라 다짐합니다

당신에게 가서

빤짝이는 봄나무가 되고

보드라운 봄 햇살이 되고

마른 땅 흠뻑 적시는 봄비가 되고

간질간질 봄바람이 되겠습니다

봄을 잊은 당신

거기서 잠깐만 기다려 주세요

빠른 걸음으로 당신에게

달려가겠습니다

고맙다

겨우내 말랐던 수로에
물이 넘친다
차고 싱그러운 물줄기가
내 여린 텃밭을 적신다
그 넉넉한 물 인심에
내 마음도 녹아내린다

세상은 내게 쉽게
주는 것이 없었다
안간힘을 써야 무엇이든
얻을 수 있었다

그래서 오늘 이 넘치는 수로의 물 따위가
눈물이 날 만큼 고맙고 고맙다

잡목

나의 삶에 의미 없는 것들의 이름 잡목

내가 알지 못함으로

내게 관심받지 못하여

내게로 와 서글픈 잡것이 된 나무여

그대 이름은 잡목

수로 청소

산 중턱으로부터 뻗어 내린 물길

판근아재 다랑이 밭을 지나

박 구장네 논길 따라

송사장네 양파창고 지나

안집할매네 무덤 지나

진호씨네 논을 거쳐

우리 농사터를 돌아

나영이네로 흘러간다

그 긴 길을 따라

산이 토해 낸 물이 흐르고

낙엽이 채이고 흙들이 멈추어 서면

새봄

청소를 한다

마을 사람들 모두 모여 물길을 낸다

물길 따라 너와 내 논밭이 서로 얽히어 있으니
누구도 빠질 수 없는 일

우리 삶도 이러하다
다른 이의 터전에
신세 지지 않고는 살 수 없으니
함께해야 한다
그래야 한다

천지가 제자리

광대나물 났던 자리에 어김없이 광대나물이 자란다
비름나물 났던 자리엔 비름나물이
엉겅퀴 자리엔 엉겅퀴가
쑥이 자라던 둔덕엔 쑥들이
환삼덩굴 치렁치렁했던 경사면엔 환삼덩굴이
각자의 자리에서 각자의 계절을 겪고 돌아온다
우리도 그러하다
각자의 생에서 각자의 몫을 다한 후에
돌아와 여기서 마주한다

봄이 오면 제일 먼저 하는 농사일은
지난해 농사터를 정리하는 일
고랑의 부직포를 걷어내고
이랑에 비닐을 벗겨낸다
제초 부직포 고정핀을 주우러 다니며

토마토 새싹 같은 환삼덩굴의 싹을 발견한다
으이 질긴 것 콧등에 주름을 내며
발끝으로 힘껏 짓이긴다

착각했다
풀들은 제자리에만 나는 것이 아니다
바람에 목숨 같은 씨앗들 날려
천지를 제자리로 만든다
그렇게 질긴 목숨을 이어간다

피어나지 않는 건 나뿐인가

뜨거우려니 했더니

지나는 찬바람에 식어버린 이 밤의 공기

시절 따라 중력을 거스르며

꽃도 오고 새싹도 제 몸을 일으키는 밤

오싹한 밤공기에

피어나지 않는 건 나뿐이든가

나도야 피어나리

봄밤 봄기운 술처럼 마시고

기꺼이 하늘 향해

어쩔 수 없던 중력을 이기고 피어나리

어둠이 내게 말을 걸어 일어난 밤

오갈 데 없이 외로운 밤

나는 피어나는 것들을

어둠 속에서 응시하며
내 안에 피어오르는 생기를 갈망한다
아직 겨울을 보내지 못한
얼어붙은 마음을 녹인다

화전

밭을 일군다
찔레꽃 덩굴을 걷어내고
이름도 알 수 없는
잡목을 베어내고
까실하게 말라붙은
수풀을 걷어 낸다

걷어낸 뭉실한 수풀 더미에 불을 놓는다
불길이 바람을 타고
후루루 탁탁 사방으로 번지면
거뭇한 그림자
바닥에 지도를 그린다
선명히 드러나는 땅의 여린 거죽
나는 그렇게 화전(火田)을 일군다

마른 화전 위에 물기 오르면

꽃을 심으리라

꽃잎, 봄비에 흥건히 목축이고

불처럼 피어오른 봄날

마음 나눌 이웃들을 불러

어여쁜 화전(花煎)을 부치리라

청청한 달밤에

알싸한 술 한 잔 기울이리라

갈매기의 꿈

맛좋은 새우깡에 대한 갈망
바다를 향한 거세된 향수
가끔은
조상 갈매기들처럼
새우깡의 유혹을 뿌리치고
더 높이
더 멀리
비상할 꿈을 꾸기도 하지

내 몸 깊숙한 곳에 감추어진
바다의 기억은
비릿한 항구의
무료한 네온사인으로 지워지고
나는 내가 갈매기였다는
기억조차 잊고 살어

하지만 이 밤

기어코 나는

맛난 과자의 거역할 수 없는

유혹을 뿌리치고

날것의 생존이 머무는

바다로 가리

그래서 우리 조상들처럼

검푸른 바다에 몸을 맡기며

나는 나의 온전한 생존을 위해

애쓰고 있음을 보여주리

나에겐 다 계획이 있었다구

일주일 날씨를 검색해 보았고
주말까지 비 소식은 없었다
주말에 밭을 갈아주겠다는 약속을 받았고
이틀에 걸쳐 30포의 거름을 밭에 부렸다
아들놈을 구슬리고 구슬려 집으로 데려왔고
일할 때 입막음할 간식에도 돈을 들였다
이 밤만 지나면 밭을 갈고
이랑을 만들어 감자를 심으면 된다

새벽녘 후두둑 소리에 잠에서 깼다
설마 설마 비님은 아니시겠지
문을 열고 마당으로 나가니
촉촉한 봄비님이 나리신다
감자를 심고 났으면 너무나 반가울
봄비님이시지만 지금은 아니되옵니다

이제 일주일은 땅이 마르도록 기다려야 한다

아들놈도 다음 기약을 하기가 어렵고

밭을 갈아줄 이에게도 새롭게 약속을 잡아야 한다

다시 모든 계획을 잡아야 한다

나에겐 다 계획이 있었는데 말이다

할매의 텃밭

할매는 독한 락스 빈통으로
앙증맞은 텃밭 가장자리에 나란히 경계로 박아놓았다
허물어지는 경사면
할매의 텃밭은 매년이 아쉽다

장대비 내리고 나면 둔덕 아래로 흘러내리는 아까운 흙덩이들
고놈들을 가두고야 말겠다는 의지가 부른 실용주의
진로 산사춘 백두산생수 좋은데이 카스 삼디다스 슬리퍼
원래의 쓸모를 뛰어넘는 가치로
할매의 텃밭을 나란히 스크럼 짜며 지키고 있다

2부 감자꽃

나무

도로 안쪽 줄지어 선 나무들
바람결에 삐쭉한 머리 흔들며 먼 산을 굽어본다

바람은 빙그르르 머리채를 잡아채듯
나무에게 다가가 엉겨 붙고
이름을 알 수 없는 나무는
별 저항도 없이 머리를 흔든다.
요렇게 요렇게
저렇게 저렇게

너의 이름은
삼나무여도 좋고 리기다여도 좋으리
이름이 무엇이든 바람과 싸우지 않는
마음 가졌으니 너는 나보다 어른이리

어쩌면 머리채를 잡힌 건 바람일지도
지나는 바람을 제 몸으로 막아선 것도
어쩌면 나무였을지 몰라
바람은 제 가는 길에 우뚝 솟은 나무에게 붙잡혀
몸부림을 치고 있는지 몰라

뒤바뀐 운명을
어쩌면 우리만 몰랐는지 몰라

감자꽃

달밤의 아우성
어둠 저편에 가지런히
반짝이는 등대

흔들고 싶어도
흔들리지 않는
주저앉고 싶어도
주저앉을 수 없는
내밀한 희망

살림을 살다

시골 살림은 갑자기 주어지는 물산을
가리고 다듬어 저장하는 일이라고 해도 과언이 아니다
이웃이 던져주고 간 열무도 가려 김치를 담가야 하고
텃밭의 부추도 베어와 정리해야 한다

봄이면 달래와 취나물, 머위와 산미나리를 다듬는다
여름이면 텃밭의 푸성귀도 하루가 다르게
자라오르니 정리를 해야 한다
갈은 갈대로 열매로 단단해진 것들을
거두어 털고 고르고 가른다

일 년 삼백육십오일 고단한 노동이
우리를 먹여 살린다

매미

푸른 밤
정적이란 세상에 없다
쯔르륵 찌르르륵

7년의 밤
익명의 삶을 견디고
자신을 드러낸 자여
그대가 외치는 삶의 노래에
귀 기울이나니
나는 그대 삶의 한 귀퉁이도
알지 못합니다

땅 위에서의 14일
죽음을 향해 달리는
그대 울음은

밤낮없는 삶의 업보

가당찮은 나의 연민은
그대에게 짐이 되려나
그대 생을 다하면
나의 여름도 끝나고
저린 나의 연민도 손을 놓을 테니
그대 잘 가시라
찌르륵 찌르르륵

달팽이

어슬렁 어슬렁
못 견딜 속도로 움직이는 이
엷은 속살 다치지 않게
단단한 껍질 속에 가두고
이생을 견디어 낸다

움직인다 할 수 없을
속도로 움직이는 그이
내 작은 텃밭을
갉아 먹는다 해도
오늘은 용서하리
오늘만은 보고만 있으리

나도 오늘 뉘 삶을 갉아먹으며
여기까지 왔는지 알 수 없으니

오늘만은 움직인다 할 수 없는

속도의 그이를 용납하리

그래야 하리

때죽나무 꽃잎 떨어진 저수지에서

여름으로 달리는 계절엔
저수지가 제격이지
그 거문 물 위로 하이얀 때죽나무 꽃잎
그 저수지 나무 그늘에서 그이 생각에 눈물이 나지

떠나간 그이는 어디에 있을까
내 몸을 만져주던 옹이 박힌 손은 어디에 갔을까
귓불에 토해내던 그이의 숨소리
알맞게 가슴을 누르던 간지런 근육
닳아 빠질 듯 핥아대던 그의 체취

그 흥겹던 욕정의 날들은 어제 같은데
외로움에 저린 밤
나는 하릴없이 나를 만지며
나를 만져주던 옹이 박힌 그이의 손을 그리워해

때죽나무잎 흩날리는 밤이야

미나리를 다듬다

황금사철나무를 물 밭에 심었더니 기세가 사그라들고 비실하다
터를 옮겨주려고 풀을 베어내니 그 사이로 산미나리가 수북
수레에 가득 실어 그늘에 부려놓고 퍼질러 앉아 다듬어 낸다

공장 다니는 어미를 둔 우리는
콩나물도, 부추도 휘르르 수돗물에 씻어내어 반찬을 해 먹었다
콩나물이나 채소를 가만히 앉아
조심스레 다듬어 낸 것은 서른이 넘어서부터다

나는 채소 다듬기를 좋아한다
그 시간의 여유로움을 사랑한다
뭐든 다듬어 완결하는 것을 선호한다
나는 그렇게 삶의 다른 지경으로 건너와 있었다

산미나리는 밑둥이 진한 갈색이라 다듬어 내기가 수월했다

풀과 엉켜 있어도 밑둥을 찾아 스르르 뽑아내면 된다
한 소쿠리를 다듬어 생으로 먹을 만치 남겨두고
나머진 데쳐서 냉장고에 넣어두고 조금씩 내어 먹으면 된다
한동안 물리게 산미나리를 먹을 수 있겠다
한동안 나물 다듬는 참한 시간을 기억하면 행복하겠다

새와 인간의 기억

새들은 태어나면서
몸속에 지도를 가지고 태어난단다

몸속 깊이 기억된 지도를 따라
본능에 의지해 그 먼 길
뉴질랜드에서 한반도 서해까지
해마다 어김없이 날아든다

몸의 기억을 따라
지금은 황폐화된 세계로 날아들어
굶거나 죽을 수밖에 없는 존재가 된다

우리도 어쩌면 몸속에
지도를 갖고 태어나는지 모른다
그 지도 따라 사람의 땅에

다다르기 위해 길고 먼 길을 따라
여기에 온 것은 아닐까

우리가 도착한 이곳이
인간에 대한 연민이나 연대가
사라진 헐벗은 땅이라 해도
끝내 우리는 여기에서
뜨거운 가슴으로
만나게 되지는 않을까
몸의 기억을 어루만져
살아가야 되지 않을까

소나기

저 산 너머 밀려오는 습한 먹구름
곧 어린아이의 낙서 같은 회색빛 스크래치 되어
창문을 닫을 사이도 없이 밀어닥친다
비의 두터운 장막

피하지 못한
온몸이
온 창이
온방이 젖고 만다
올 줄은 알았지만 이리 금방
들이닥칠 줄 모른 손님을 맞은
어이없는 웃음

그래도 괜찮아
깔아놓은 이부자리야 말리면 되고

젖은 옷이야 벗으면 되지
생에 한 번쯤은 이런 소나기에
온몸을 맡기고 젖어 볼 일이다

스쳐 간 소나기는
황석산 넘어 기백산 골짜기로 몸을 피하고
산성 안쪽 우전마을은 햇살에 눈이 부시게 반짝인다
살다 살다 한번은 그럴 일이다

오솔길

새벽녘
깊은 불면의 밤을 거두고 일어나 길에 든다

습한 숲이 만들어 내는 진한 이끼 냄새
그 길은 여전히 좁고 여리다

아직 길 떠나지 못한 안개와 같이 걷다 보면
얼굴을 내미는 마을 언저리
밭으로 향하는 구부정한 아즈메의 발걸음은
이 새벽 오솔길이 만들어 낸
아름다운 노동의 시작

그 길 따라 나도 아즈메의 삶을 따를 수 있으려나
발길 붙잡는 고사리 마디를 꺾으며
이 길이 지속되기를 기도한다

오프그리드

외부에서 필요한 에너지를 제공받지 않은 삶의 양식
최소한의 에너지를 스스로 생산해 사용하는 풍경
이생에 가능한 꿈일까
맹렬한 그 갈망에 목이 마르다

이상을 누리지 못한 현실 앞에
늘 어정쩡한 자세로 너무 오래 서 있었다
내 다리의 부종은 아마 그 때문이리라

태풍

근접 하지 마라

잠잠히 있으라

이 또한 지나가리

열대야

태양은 저편으로 기울어 보이지 않는데
어둔 밤 태양이 남기고 간 열기가 쉬 식지 않는다
지구는 태양을 받아낼 살갗을 잃은 지 오래
그래서 우리는 그가 없는 밤에도 그의 열기로 후끈거린다
사라진 태양의 자욱에 놓여나지 못한다

삶도 본디 생각보다 뜨겁다
우리 마음의 얼룩은 서로의 열기에 데인 화상 자욱
누군가 내게 멀어져갔지만
그가 남긴 미움으로 나는 여적지 잠들지 못한다
내가 두고 온 저편에서
내가 남긴 미움으로
누군가도 불면의 밤을 보내고 있으리라

장마

기후위기의 벼랑 끝
밤마다 하수에 물 내려가듯
세찬 빗줄기 우리 삶을 쓸어 내린다

새벽잠 물리고 일어나
돌무더기 밀려난 마당 축대를 살핀다
두려워 떨고 있다

지구의 운명 따위가
수해로 집을 잃은 이들 안위 따위가 아니라
무너져 내리면 쌓아 올릴 보수비용이 걱정되는
가난한 내 삶의 비루함 위로 비가 내린다

알뜰히 돌보던 가지런한 텃밭도 풀구더기가 된지 오래
토마토는 익기 전에 터지고

고추대도 누워서 지낸지 오래
토란은 풀숲에 시들시들 잠자고
옥수수는 깨금발로 하늘을 향해 손을 뻗는다

비 그친 아침나절
서둘러 출근하는 나에게
마당축대가 소근거린다
이번엔 끄떡없다고
걱정하지 말라고

돌담

차곡차곡 돌들이 쌓이면
마음 한구석 평안이 찾아든다

검은 구릉을 구획하는 제주 돌담의 견고함
극한의 생존을 위한 땅의 외곽이 만들어 낸 남해 다랑논
그 생존의 거룩함을 경외한다

따뜻한 미풍에도 흔들리는 나는
그래서
겹겹이 서로를 의지해
비바람을 버텨내는 돌담을 좋아한다

겨우내 길섶을 뒤지며
우리 집 울타리 안에 있었으나
지금까지 발견하지 못한 돌담을 찾았다

무너져 내린 흙더미 속
나의 작고 견고한 돌담도
그 옛날 이 땅에 살았던
어떤 이의 간절한 삶의 요구로
만들어졌으리라

하여
오늘 밤 나는
마음속 옹근 돌덩이들로
허름한 내 삶 언저리에 예쁜 돌담을 쌓으리
어떤 바람이 와도 흔들리지 않는
견고한 돌담을 쌓으리

주왕산

주왕산에 가면 큰바위가 많아요
큰바위 아랫부분 허물어지는 곳에
앙상한 나뭇가지 받쳐져 있어요
누가 시작한 것인지 알 수 없으나
지나는 사람마다 심정은 같았나봐요
바위가 쓰러지지 않도록 나뭇가지를
지지해 놓은 것이 재미나서
나도 가지 하나 주워 세워 놓았어요

혹여 바위가 쓰러진다해도
하등 도움 될 리 없지만
마음을 다해 받쳐 놓았어요

바위는 아랫도리가 간질간질 할 거에요
지나는 바람도 나뭇가지 흔들며

이게 무슨 헛짓거리냐고 비웃어도
우린 다들 같은 마음이란 걸 알거예요

폭포

그런 낙차
처음 봐
물길 모아지는 곳에
느닷없는 낙차

긴 세월 지구가 만들어 낸 굴곡
이 높은 곳 어디에
이런 차갑고 맑은 눈물 흘리는 자 있는가

희디흰 포말
그 자가 아프다

3부 도토리 한 알

다알리아

너의 붉은 입술은
누굴 위한 것일까

나는 여름 한낮에 밭을 일군다
그리고 가끔 이는 바람에
고개 들어 너를 본다

너는 관능의 입술로
나를 위무하나니

아름다운
다알리아여
슬픈
다알리아여

노을

서하에서 백전면 가는길

백전고개를 넘는다

굽이굽이 산길은 느긋하다

산 너머 해가 지고 있다

자전의 숙명을 따르는 뜨거운 태양은

구름 사이로 찬란한 빛을 물들이며 하늘을 걷고 있다

우리는 그것을 노을이라 부른다

가을이 온다

아침 설거지로 마주 선 주방에
바람이 시원하다
걸어 다니기조차 힘든 무더위가 무색하게
살랑한 바람이 부엌 창으로 들어온다

이제 텃밭에 무성하던 풀더미를 헤쳐
겨울나기 김장 배추를 심어야 한다

아직 한낮의 과습한 열기가 진저리 치는 때에
나는 겨울 준비를 위해 밭을 만든다
겨울은 벌써 우리 밭에 당도해 있다

삶도 그러하다
살육의 전쟁터에서도
다음을 기약하는 희망이 자란다

다시는 안 볼 사람처럼 미워하다가도
시간은 미움을 누그러뜨린다

삶은 본디 그런 것이다
그래서 살만하다
시답지 않은 생각을 하는 동안
겨울의 징검다리로 가을이 오고 있다

가짓깃

숲밧줄놀이를 하려면
밧줄을 나뭇가지에 걸어야 한다
사람이 몇이나 매달려도 견디는 나뭇가지여야 한다

잘 부러지는 수목들은 밧줄을 가짓 깃에 걸어야 안전하다
나무의 몸통에서 가지가 뻗어나가기 시작하는 그곳
거기선 안전하다

무른 나무들은 자기 몸 어딘가에
비장한 근력 하나쯤은 가지고 있다
거기가 가짓깃이다

내 몸에도 그런 가짓 깃 하나 숨기고 있으려나
누구든 덜컥 내게 매달려도
흔들리지 않을

부러지지 않을
가짓깃 하나 가지고 있으려나

오메
높은 전나무에 밧줄 하나 걸치고 올라가는 용맹한 청년아
부럽다 부러워
턱 하니 뉘 몸에 기대어 살아갈 용기는 어디서 생겨났누
전나무에 의심 없이 오르는 청년의 그 믿음이 귀하다

아무 의심 없이 기대어 오를
나무 하나
간절히 필요한 이때
나는 그가 몹시도 부럽다

곁뿌리

맹그로브 나무가 그러하듯
옥수수 그루터기가 그러하듯
땅에 침투하지 못한
모든 뿌리는 안쓰럽다
쓰린 바람과 모진 햇볕 맞으며
존재를 떠받드는 굳은 결기가 가엾다

내 존재를 세상에 가능케 하는 모든 나의 곁뿌리여
어둡고 추운 운명의 가시들을 잘 견뎌 왔구나
맹그로브 나무가 그러하듯
옥수수 그루터기가 그러하듯
나를 떠받들고 있었구나
나도 모르던 못난 나를 감싸고 있었구나

세상 모든 곁뿌리여

그대 노고 치하하리니

그대 약한 존재들의 든든한 울타리여라

단단한 성곽이어라

고구마

깊숙이 박혀 세로로 서 있는 그대
날카로운 삽질에도 비켜서 온전한 자태로 나를 보네요
오늘은 당신을 보러 온 것이 아니기에 나에게는 호미가 없어요
손가락으로 단단한 흙더미를 밀어보지만 역부족
여기에 당신을 두고 가겠어요

머지않아 서리가 오면 당신도 숨을 다하겠지만
오늘은 당신을 여기에 두고 가겠어요
당신 여기에서
들깨가 제 씨앗을 땅에게 건네주는 소리를 들어줘요
검정 콩잎 누렇게 드러눕는 걸 봐주세요
옥수숫대 가실한 바람에 흔들리는 소리를 들어줘요
혹여나 배추가 벌레들에게 먹히는 소리가 들리면
이-놈 해주세요
그리고 서리가 오거든

모질다 타박 마시고 고이 잠드세요

나는 내내 그런 꼿꼿한 당신을 기억할게요

까마귀

호두나무 가지에 앉는 까마귀 한 마리
불운의 아이콘
그는 내게서 냄새를 맡은 것일까
내 불안을 내 두려움을 그는 읽었을까

곶감 창고 위로 한 바퀴 날아 다시 나뭇가지
까만 몸 햇살에 반짝이며 바람을 맞는다

나의 불안이 그에게로 간다
그의 예민한 본성은 그렇게 오해되고 기억된다

어떤 신호는
우리를 까마득히 본질과는 다른 곳으로 안내한다
비상하는 저 까마귀는
제 본성대로 날아들 뿐인데

타고난 후각으로 우리를 찾아올 뿐인데

그는 우리에게 와서 불온이 되어 버렸다

세상과 불화하는 나에게 와 친구가 되어 준다

느티나무

찹찹한 바람 불면
마을 입구 정자나무 할매
바쁘다 바빠
제 잎 떨구고 겨우살이 준비에 분주하다

겨울살이 버거운 가지들은 진즉에 떨구고
햇볕 받아먹던 잎들은
노랗고 발그레하게 만들어 바람에게 건네주고

당신은 아무렇지 않은 듯 시치미 떼고
정정하게 겨울 찬바람을 맞으신다

할매 오래 사세요
오래오래 살아 마을 사람들에게
시원한 그늘 만들어주고 잔치마당 내어주세요

사람이 못 하는 일

사람이 할 수 없는 일

많이 많이 해주세요

달님

똑

똑

똑

두드리면 나오실까

닫혀있는 문들을 열기만 하면

당신을 볼 수 있을까

밤공기는 권태로운데

당신은 구름도 바람도 없이

거기에 있을까

권태를 소파에 두고 나는 문을 연다

어둔 하늘 위에 수줍게

그늘진 당신이 있네

참 예쁜 당신이 나왔네

도토리 한 알

아침 산책길
도토리 한 알 속 아름드리 키 큰
상수리나무 하나 보았지

누추한 우리 안에도
아름드리 너른 그늘 되어 줄
어른 하나 숨어 있을까

똘망똘망
도토리 한 알 냉큼 주워
주머니에 넣어 왔지
양지바른 마음 밭에 한 알 심어두고
고단한 생의 어느 자리 키 큰 상수리나무 키워
그 그늘 밑에 쉬어가려 하지

때를 알아가는 재미

찔레꽃이 활짝 필 때 참깨를 심는다
감꽃 떨어질 때 콩을 심었다
콩꽃이 떨어질 때 여름비가 온다
김장 무시 심을 때 하늘이 유난히 파랗다
때를 알아가는 재미가 쏠쏠하다
나 또한 그대의 때를 알아가며
재미지게 살고지고

은행나무

하동군 옥종읍 청룡리에
600년 된 은행나무 하나 서 있다
굵고 허름한 몸뚱이에
어여쁜 노랑머리 얹으시고
나를 기다리신다

1420년생 은행나무가
1967년생 나에게 말씀하신다
까불지 말라고
징징대지 말라고
그냥 살아내라고

바람의 말 -룽타

높은 산꼭대기 부탄 작은 마을엔
만장들 바람 맞아 제 몸을 빳빳하게 펼친다
회색의 자연에 피어오르는 오색의 천들
부탄의 경전이
개인의 바램이
빼곡하게 기록되어 있단다

깃대는 허리가 휘도록 바람에 맞서며
신에게 인간의 바람을 전한다
그 팽팽한 긴장이 소름 돋는다

그 만장의 이름은 룽타-바람의 말
바람은 쉬르륵 삭삭 쿠르릉 쿠릉
인간의 언어를 신들의 말로 번역한다
때론 우렁차게 때론 부드럽게

부탄 가난한 산꼭대기 마을엔

신들이 모여든다

아옹다옹 바람의 말 들으러 모여든단다

줄탁동시

이른 봄
새파란 감자 잎들이
제 생명의 명징한 증거로 뾰족이 고개를 내민다
구멍을 찾지 못한 감자 싹들은
비닐 아래서 고개를 드느라 안간힘을 다한다
불룩하게 솟은 비닐을 제치면
햇볕이 그리운 노란 감자 싹들이 기지개를 켠다

줄탁동시
알을 깨고 나오려는
새들에게 해주어야 하듯이
지난한 시절을 통과하는
청춘들에게 위로를 건네듯
살아보겠다고
비닐을 힘겹게 들어 올리는

모든 싹 들에겐

꼭 답을 해줘야 한다

그래야 한다

익다

모든 생명은 익는다
단단한 풋내도 어제 일
금방 익어버린다
과육은 무르고 당분은 짙어진다
그러므로 안달하지 않아도 된다

봄볕에 연둣빛 잎사귀들이
언제 자랄까 싶어도
끝내 갈은 오고
열매는 맺히고
곡식도 익는다

사람도 그러하다
뒤척이는 불면의 밤도 어제 일
오늘은 죽을 듯한 상처에도

잠이 온다
밥을 먹는다

그래야 산다는 걸 알아간다
부르르 달아오르던 불같은 성정도
어느새 반사신경 무뎌지듯
느긋하게 익어간다
모든 생명은 그러하다

풍화

바람의 숨결이
몇 번이나 닿아야
우리도 저런 모습으로
살아남을 수 있을까

얼마나 울고 울어야
뼈마디 드러낸
협곡으로 여기에 있을까

내 몸에 바람이 닿는다
그리하여 나는 삭아진다
낡은 자연처럼 풍화되어
나는 산이 되고 강이 되고자 한다
기꺼이 죽음에 다다라
스러지는 흙이 되고자 한다

가을 2

비도 오고 날은 찹고
뜨거워 죽을 것 같던 시절은
인사도 없이 자취를 감추었다

화덕의 열기에 몸을 데우며
노곤히 깜박 잠이 들만큼 가을이 깊다

김장배추는 실하게 자라고
호박과 가지와 토란대를 말리고
들깨를 찌고
끝물고추로 고추부각을 만들고
호두와 알밤을 줍는다

가을이 숨차게
우리집 마당에 들이닥치고야 말았다

너무나 쨍하니 빨간

마을 어귀 들어서는 길목에
너무나 쨍하니 빨간 단풍나무 하나
뜬금없이 아름답다

이십여년 다니던 길에
이 나무를 처음 보았다
아니 너무도 쨍하게 붉은 단풍을 처음 보았다
무심히 눈길 한번 준 적 없는
단풍나무 하나 내게로 왔다

그 잎 서너개
읽다만 시집 깊은 구석에 꾹 눌러 앉힌다
너무나 쨍하니 붉은 단풍잎 하나로
들썩이는 내 마음도 지긋이 눌러본다

가을도둑

주방 창가에 할머니의 웅성거리는 소리
우리 집 밤나무 아래
꼬부라진 두 개의 허리
– 알밤이 크고 좋다야
– 할머니 뭐 하셔요
– 우리집 밤나무가 안 열려서 주우러 왔지
– 그래도 남의 집 담장 안에 밤나문데 주인한테
  허락은 받으셔야죠
– 알았어 알았어 미안해 미안해
입은 미안하다고 하면서도
허리는 연신 구부려 통통한 알밤을 주우며 떠나신다
멀어져가는 할머니 양손에 커다란 비닐봉지
터질 듯 우리집 알밤이 따라가기 싫다고
씰룩씰룩거리며 따라가고 있다

보듬어 안다

하늘로 뻗친 배춧잎들을 보듬어 안는다
벌레가 갉아 먹은
푸른 등살을 한껏 모아 안는다
가을 끝자락 속살을 키우기엔
날이 너무 찹다
속잎들에게 겉잎들을 포개어 안겨준다
잎들은 웬일이야 소리지르며
서로를 부둥켜 안은 온기로 속을 채운다

푸르고 차운것들이 끌어안아
가을볕 먹고 야들한 노란 속살이 된다

어디 안아서 채울 것이 배추뿐이랴
서늘히 가라앉은 내 육신도
보듬어 안아줄 이 필요하다

가여운 인생이여

찹찹한 삶이여

비설거지

비 올 확률 80%
먹구름은 산을 넘어온 지 오래
비가 오기 전
설거지를 마칠 수 있을까

농사터에 던져놓은
호미랑 괭이를 찾아 들인다
불쏘시개용 콩대를 덮을 덮개도 챙긴다
검둥이 녀석이 물고 간
네 슬리퍼는 어디에 있을꼬

빨랫줄에 널어놓은 빨래도
더 늦기 전에 걷어야 한다
햇볕에 졸인다고 열어 놓은
간장독은 반드시 닫아야 한다

비설거지

아직도 멀었는데

얼굴 위로 빗방울이 투두둑

4부 서리

강을 건너는 풍경

저 멀리 강이 안개를 보듬어 흐르고 있다
강을 휘두른 나무는 가지를 내려 강물에 입을 댄다
겨울바람에 바삭해진 잎들이 목을 축인다

나는 다리를 건너며 윤슬의 노래를 듣는다
출렁이는 다리의 넋두리도 받아 안는다
나무랄 것 없는 순간이다

쫓기지 않는 일상이 얼마 만인가
가늠되지 않는 관계의 피로 없이
시간을 보낸 것이 또 얼마 만인가

나도 강물처럼 여여롭다
강가에 늘어선 나무처럼
내 생의 목마름에 목을 축여 본다

고로쇠 수액 채취기

기둥마다 청진기를 두르고 채혈한다
뿌리에서 목숨을 위해 끌어올리는 생의 혈기
그 혈관 어디쯤에 구멍을 낸다
나무는 나눌 마음도 없는데
사람들은 구멍을 뚫는다

겨울비

창 너머 겨울비가 내립니다
플라스틱 차양에 내리는 비는
요란스런 스타카토
차양 끝에서 빗방울은
그보다 느린 파장을 만듭니다

겨울이 겨울답지 않은 날들
그래서 맘이 쓰이는 빗소리
제대로 오지도 않은 채
밀려가는 겨울의 눈물
반가울 수만은 없으나
내 마음이 흔들립니다

타다닥타
타다닥타

이제는 가야 한다고 지구가

겨울에게 알리는

타전소리 요란합니다

눈꽃이 피는 걸 아이는 보았을까

백두산이 폭발하면 죽을까 봐
걱정이 가득한 아이들을 데리고 눈 구경을 나왔다
눈꽃이 만발한 주상면 큰길에서
나는 눈꽃 이야기를 하는데
아이는 자꾸 백두산 얘기를 한다

― 백두산이 터지면 우리는 얼마나 더 살아요
― 글쎄 여기는 멀리 떨어져서 백두산이 폭발해도 금방 죽진 않을 걸
― 십년만 더 살았으면 좋겠어요

겨우 13년을 산 아이는 10년 만이라도 더 살고 싶단다
그래봤자 겨우 스물세 살 어린 청년인데
삶을 갈구하는 아이의 마음이 아프다

- 걱정 마 10년은 더 살 거야 화산분진을 먹어도
  30-40년은 너끈하게 살 수 있어 얘들아 눈꽃 좀 봐 눈꽃
- 핵폭발이 위험해요 화산폭발이 위험해요
- 글쎄 눈꽃이 정말 예쁘다
- 벙커에 들어가면 백두산이 터져도 괜찮아요

내 눈은 자꾸 눈꽃으로 가는데
아이는 자꾸 죽음을 걱정한다
눈꽃이 피는 걸 아이는 보았을까

눈은 나리는데 1

눈은 나리는데
눈은 나리는데
정처 없는 마음은
저 골짜기 깊은 곳에서 배회하네

한 두번이 아니였네
날이 찹찹하고
하늘이 흐리고
해가 떨어지면
나는 죽음의 냄새로 가득 찬
내 육신의 몸 둘 곳을 알지 못하였네

하물며 눈이 나리는 데야
눈물을 흘리지 않을 수 없네
비좁은 가지에 제 몸을 의지하려는

눈의 숙명이 서글퍼

나는 인적 드문 골짜기를 향해 하얀 눈물을 흘리네

눈이 나리는데

눈이 나리는데

구슬픈 내 삶의 도돌이표 노래를

끝도 없이 나는 부르네

너울너울

성산일출봉 아래 바다
광치기해변에 밀물이 들어오면
저 먼바다에서 파도가 밀려온다

달과 바람이 사이좋게 흰 포말을 만든다
구르릉대는 파도가 해안으로 밀려오다
다른 파도와 만나 거세지다가도
중력의 힘으로 가라앉는다

너울너울 옥빛 바다를 무대 삼아
파도는 춤을 추며 뭍으로 달려온다
내게로 달려와 위로를 건넨다

눈이 나리는데 2

화살처럼
총알처럼
빗발처럼
눈이 쏟아지네

어제는 슬며시 웃으며 나리더니
오늘은 울부짖으며 쏟아지네
마구 쏟아지네

동백꽃 필 무렵

동백은 언제 피어오르는가
추운 겨울 지나고
봄은 아직 멀기만 할 때
붉고 아름다운
동백은 먼 남해 바닷가에
피어오른다

아니다
카멜리아
동백은
어디든
언제든
기죽지 않는 여자들 사이에 피어오른다

오해와 편견에 당당한

여자들 사이에 붉게 피어올라

강이 되고

산이 되고

우리가 된다

나도 동백이 된다

깃발

바람이 분다
바람은 앙칼진 손끝으로
길가 산불 조심 깃발들의
양쪽 귀를 바짝 잡아
하늘을 향해 당기고 있다

하기 싫어도 해야만 하는 일을 앞에 둔 어린아이처럼
긴장한 깃발이 파라락 파라락 비명을 지른다
나는 깃발의 비명을 보며 어깨를 움츠린다

산들은 우웅 우웅 휘르륵 휘르륵 서슬 퍼런 울음으로
나무의 머리를 휘감은 바람의 심술을 받아낸다
고개를 넘는 이 어둑한 중년은
휘청이는 몸을 가누지 못하고
산 아랫마을로 걸음을 옮긴다

멀기만 한 산 아랫마을을 굽어보면
겨울이 가는 참담한 아름다움에 발걸음을 멈춘다

바람에 날려 온 나뭇가지가 회초리처럼 몸을 때린다
아 바람이란 놈은 인정사정이 없다

바람이지 않을까

바람이 저 멀리서
산등성이를 사납게 할퀴며 오고 있다
나무들은 눈물 따위는 흘리지도 않는다
저 혼자 화가 난 바람이 내게로 오고 있다

나무들은 뺨 맞은 사람 모양 여기저기로
휘청이며 흐느낀다
그들의 비명이 내게로 온다

바람은 휘리링 쉑쉑
여봐란듯이 콧노래를 부른다
세상 것들 모두 잡아채고 때려눕힌다

사람들에게 나는 바람이지 않았을까
저 혼자 사납게 몰아대는 바람이지 않았을까

나는 바람의 운명으로

그들에게 불안을 던져주는 건 아닐까

창밖으로 바람은 여전하고

온 생이 바람인 나는

내 안의 바람으로 오늘도 몸살을 앓는다

풍랑에 넘실거리는 돛단배

추위를 피하려 현관 앞에 쳐놓은 비닐을
잡아 뜯으려는 듯 바람이 분다
비닐의 따귀를 갈기는 바람

창 안쪽에 선 나는
보이지 않으나
날카롭게 나에게 저항하는 그를 본다

그의 분노가 누굴 향한 것인지 알 수 없다
다만 나는 풍랑 속에 출렁이는 돛단배
내 생이 두려움에 넘실거린다

바람아 살살해 안 그래도 나 힘들거든
너마저 내 속의 두려움을 출렁이게 하지 마
바람이 말한다

―그럼 귀 막아 눈감아
아주 단호하다

삭정이를 줍다

나무에서 견디지 못하고 떨어지고야 만
여리고 가는 나뭇가지
너의 이름은 삭정이

얼마나 나무에 붙어 생을 이어가고 싶었을고
나도 삭정이가 되지 않기 위해 무진 애를 썼단다
세상에 버려지지 않으려 애썼지만
나는 삭정이가 되어 세상 검불에 떨어지고 말았다

불을 때본 사람은 알지
삭정이가 얼마나 중요하다는 것을
굵은 장작만으로는 불을 일으키기 어렵지
삭정이를 검불 위에 올려놓고
화라락 불길이 일어 굵은 장작에 옮겨붙으면
구들을 데운다는 것을

나는 오늘도 삭정이를 주우며

괜찮다 괜찮다 삭정이여도 괜찮다

나를 토닥여 보지

순천만 흰뺨검둥오리

이젠 먼 길 돌아 정처 없이 떠돌지 않겠다
너른 순천만에 터를 잡고 진득하게 살아 보겠다
뼛속까지 새겨진 철새의 운명을 거슬러
흰뺨검둥오리는
먹이 많고 따순 순천만에 깃들어 산다

바닷물과 민물이 섞여 사는 곳
바다 짠물을 견디려 갈대가 동글하니
서로를 맞잡아 원을 그린다
민물 사는 고기도 바닷물고기도
품어 안은 순천만습지에
흰뺨검둥오리도 누울 자리를 보고 깃들게 되었으리

가마우지 도요새 왜가리 벗 삼아
물때 가늠하며

드나드는 사람들 무서워하지 않아도 되는
이런 천국을 누리며 살고 있다
순천만 어느 구석 빈자리 하나 있다면
나도 자리 한번 잡아 볼거나

서리

이제 때를 다 한 줄
알고 있는데
굳이

적막강산

두려움에 쫓아드는 나의 무의식
어두운 새벽을 맞는다
휴대폰 액정 불빛으로 시간을 찾는다
새벽 04:00

현관 앞 요란한 방풍 비닐의 함성은 여전하다
문을 열어 밤새 내린 눈을 확인한다
가로등에 반사된 눈발이
흔들리는 45도를 유지하며 나린다
그 눈발 뒤에
우두커니 앉아 있는
적막강산

나를 보고 있다
밤새 나를 보고 있었다

사려니숲길

오랜 나무가 뱉어내는
짙은 나무냄새 가득한 숲길
새들은 어디로 갔는지 알 수 없다
저 숲 속 어디에
가만히 앉아
나를 기다리고 있다
자신의 울음도 숨긴 채
저만치서 나에게 신호를 보내고 있다

길에서 보면 더 아름다운 사려니숲
그 깊숙한 곳엔 무엇이 있을까
알 수 없음의 두려움

나는 사려니숲 길 앞에서
오도가도 못하고 두려움에 떨고 있다

바람소리 요란도 하지

바람 많은 제주에는 온갖 것이 바람 소리를 낸다

추운 겨울밤 돌아가는 주인집 보일러도 휘식 쿨쿨쿨
밭을 가는 트랙터도 후 쿨쿨쿨
해녀 삼촌 쉬어가는 불턱에도 후후후룽 쿨쿨쿨
사려니숲길 나무 사이에도 후리링 휘휘링
제주에선 바람들이 바람 소리 흉내 내는 것들과
함께 살고 있다

부지깽이

낡고 허름한 부엌 어디쯤
무심히 기대선 너
겨울 찬바람도 뉘이지 못한 견고함으로
너는 거기 서 있지

무엇으로 니가 그 이름을 얻었는지
알 수 없지만 적확한 쓰임으로
너는 거기에 있었을 거야

아침을 짓기 위해 눈곱도 떼지 못한
에미가 밑불 놓을 잔가지를
아궁이 안으로 넣을 때 요긴하게 너를 부여잡지

에미는 개구진 아들 녀석을
잡도리할 요령으로 들고 나섰다가도

재빨리 도망간 아들놈 대신
널어놓은 이불이라도 털어내고 돌아섰을 거야

쓰임에 필요한 맞춤의 길이
삶이 만들어내는 정교한 굵기
그 아름다움이 너에겐 있었을 거야

낡고 허름한 정지 구석
어둠 속에서도 필요할 때면
어김없이 불려 나와 할 일을 다 하고야 마는
그 성실함을 주인은 알아 봤을 거야

에필로그

〈아주, 자연스럽게〉 산다는 건 가능한 일일까.
아직도 생계를 위해 굴욕을 참아야 하고
얼띤 너스레도 떨어야 하는데 말이다.

이 팍팍한 삶에 자연은 내게 자연스러운 마음을 내어준다.
출퇴근길의 풍광들, 손이 많이 가는 텃밭,
마주치는 나무와 강과 길들.
그 모든 것이 고맙게도 시가 되었다.
또 그 시들은 나에게 삶을 견디는 힘이 되었다.

거듭 감사할 일이다.

지은이 김근희
펴낸곳 투명북스

초판 발행 2025년 11월 20일
2쇄 발행 2025년 12월 1일

출판신고 2019년 9월 11일 제2019-000001호
전화 010.3517.1692

ISBN 979 - 11 - 988581 - 8 - 4 (03810)

- 저자와 출판사의 허락 없이 내용의 일부를 인용하거나 발췌하는 것을 금합니다.
- 가격은 뒤표지에 있습니다.
- 잘못 만들어진 책은 구입처에서 바꾸어 드립니다.

- 블로그나 인스타 등에 도서에 대한 소중한 의견을 남겨 주세요.
- 출판에 관심을 가진 분들 언제든지 환영합니다.